I0191449

Nostalgia With Teeth

Tender but sharp

Deepti Kaushik

BookLeaf
Publishing

India | USA | UK

Made with ❤ on the BookLeaf Publishing Platform
www.bookleafpub.in
www.bookleafpub.com

Dedication

For the girl I once was, seventeen and full of stories, afraid her words would never matter. This is proof they always did.

Preface

These poems are pieces of a voice I once didn't let speak,
echoes of the girl I used to be.
I wrote them
to remember,
to feel,
to forgive.
They came in quiet hours when no one was watching,
when nostalgia struck with a sharp pang
and I tried, gently, to hold myself with tenderness.

If you're here with me, I hope you recognize a piece of
your own story, messy, tender, still unfolding, and
perhaps, like me, begin to turn toward what comes next.

Acknowledgements

To my son, who taught me love,
to my partner, who showed me strength,
to my niece, in whom I see a younger me,
and to my parents, who showed me resilience and
courage,
You carry my heart and my words.

1. Umeed ka kona

Woh ugta hua 'sooraj',
Woh chadti hui 'raat',
aur beech main hai hum
ahnkaar se bhare hue
zarooratein ke peeche bhagte.

Woh machlta hua 'bachpan'
Woh karhata hua 'budhapa'
aur beech main hum,
Umeed ka ek kona pakad kar
khud ko amar samjhte hue
Baarishon ke baad
Dhoop ke intezar main.

2. बदलता time

Yaad hai woh time?
Jab office se niklate hi pehla call tum mujhe karte the?
Woh movie tickets ka apne aap inbox main aajana,
Bina jaane mera phone ka 100% charge rehna

Kya badla hai in 10 salon main?
Tum? Main ya woh jazbaat kahi?
Ya yeh time jo kabhi ruka hi nahi ?

3. Tum yaad aati ho

Woh March main tumhara katkar aana
Woh appraisal ke baad tumhara bhadkar aana

28 tareek se tumhare liye taktaki lagana
aur har 1 tareek ko jee bharkar muskurana

Badi hogayi hu main yeh ehsas dilati ho,
Kyu poore mahine maine mehnat kari yeh batati ho
Tum aajkal mujhe bhot yaad aati ho.

4. Khushi

Aaj main khush hona chahti hu, superficially nahi
Andar se, dil ko choo lene wali
Hasi hasna chahti hu
Phir bhi kuch rok raha hai mujhe
Aisa lag raha hai jaise
Mann un chehron ko dhoondh raha hai
Jo saath khilkhilate the
Woh bachpan ke yaar, dost
Woh masoomiyat bhara,
Anjan chehra mera

5. Tum ab chale jaao

Aaj phir yaad kara tumhe
Aaj phir se jiya maine woh kal
Sab toh thik tha
Kharab kya tha phir?

Woh mera waha se muhh modkar wapis aajana
Woh tera waha baithkar mere liye taktakana
Kyu aaj bhi haunt karta hai?

2 hafte , 2 mahine ya 2 saal
Na jaane kitna time beet gaya hai?

Tum ab chale jaao
Bhot aagey aa gayi hu main

6. Anxiety ki chubhan

Social media scroll karte karte
aankhein bhaari hoti hai
aur chupke se neend aati hai.
Jaise mann ko roka ho,
samjhaya hai usse
kuch nahi sochne ,
kuch nahi mehsoos karne ke liye.
Phir
khulti hai neend
kabhi 2 baje ya 3 baje
ek alag si ghabrahat
ek alag sa darr.
Phir aaya phone haath main
aur chalta hai reels ka
silsila ek baar phir

7. Mann

Aajkal mann thoda kamm lagta hai.
apne aap ko aagey badhne
ki himmat dena bhi ek kaam lagta hai.
Samajh sa nahi aata kuch
sab aise hi toh plan kara tha
aur waisa ho bhi raha hai.
Phir kyu
aajkal mann thoda kamm lagta hai?

8. Bhagti si main

Bhot dino se bhag rahi hai woh
aankhein band karti hu toh lagta hai
bhag rahi hu main.

Aaj din hi ki toh baat hai,
ek series ko tv par dekhte dekhte
kuch 5 minute ke liye usne mujhe gale lagaya
hadbada kar baith gai main
phir se dur bhag gayi thi woh.

Ab phir se baithi hu main, raat ke 3 baj chuke hai
laptop, mobile, kitab, green tea sab aajma chuki hu main
par woh hai ki aati hi nahi hai
Haa
Kaafi samay se soyi nahi hu main
kyuki
bhot dino se dur bhaag rahi hai woh
aankhein band karti hu toh lagta hai
bhag rahi hu main

9. Purana Dharra

Sambhala khud ko phir se aaj
socha phir se kuch positive.
Pakdi ek umeed ki kiran
yaad kare purane pattern,
purana dharra life ka
phir chale
phir badhe
phir gire
phir uthe

10. Befikri

Befikri main aaj phir se market jaana
Bhai behen aur bachon ke saath ,
khud bhi baccha ban jana.

Rokna Papa ko bill dene se
rokna Maa ko order lekar aane se
ek alag si befikri ka ehasas
ek alag sa time ka beet jaane ka ehsas

11. 2 lafz

Aaj thoda hisaab kara zindagi ka

Hisab kara kuch nafe aur nuksaan ka

2 hi lafzon main

40 saal ka safar tay hogaya

Afsos aur umeed main,

Aas aur Kaash ka faasla tay hogaya

12. Meri Maa

Shaadi hone aur Shaadi ho jaane ke baad
Ek maa hi hai jo dulhan se jyada roop badlti hai
Jab shaadi nahi hui thi toh har ek paise ka hisab rakhti
thi
Aur ab
Har baar haath main bina gine paise rakh deti hai

Shaadi se pehle rasoi main na ghusne par 4 baat sunati
thi
Gussa karti thi " kabhi 1 cup chai mujhe bhi koi pila de"
Aur ab
Sasural se nikalne se pehle hi "Kya kahegi?" ke message
aur calls se
saara pyaar khane main ghol deti hai maa

Acha lagta hai jab WhatsApp, Facebook, Instagram,
Blinkit sab sikhti hai mujhse
FB par friend request na accept karo toh gussa karti hai
Aur bhi acha lagta hai jab mujhe phone karke digital
scam se dur rehne ke liye chetati hai
Pyaari Maa, Sabse achi meri Maa.

13. Chai Ki chuski

'Aksar bahane dhoondta hu usse milne ke liye
Chai kisi mehbooba se kamm nahi hai mere liye'
jab se yeh lines mumy ke bheje whatsapp par padhi hai
ek alag si muskan hai chehre par
aur
sach bhi toh hai
mere bhai beheno ke saath mera rishta gehra karti hai
Chai
subah Uthna mumy ki is awaz se
"Chai ban gayi hai"
mayke main hone ka ehsas dilati hai
aur jab
is duniya main kuch na acha lage
tab bhi mood ko uplift karti hai ek cup chai

14. Metro ka safar

Bade dino baad aaj metro main safar kara
office ki ek meeting thi aur jaana bhot dur tha
dopahri ke ek baj chuke the
aur
abhi bhi 15 station baaki the
har ghatetay station ke saath mera
nostalgia badh raha tha aur dimag hadd se jyada chal
raha tha
yaad arahi thi reh reh kar us
nadan ladki ki jo dosto ke saath
isi metro station par alag alag plan banati thi
har toofan se ladti rehti thi
kaha gum hui maloom nahi
Shayad isi kisi 'station' par utri hogi last time

15. Thokar

Kahi na kahi, meri life mujhe paucha degi
bus thoda sa shukr, thoda sa sabr aur rakhna
Khayi thokar phir se ek baar
lekin
dard ab nahi
bas umeed
kuch naya,
halki si roshni, bas apni

16. Meethi thand

Dil khush hai aaj khwamkha
kuch hua nahi
bas ek muskaan.
Jaise meethi si thand
October ke mahine mein.
sardi aa gayi, par abhi tak aai nahi
aur kuch purani yaadein
chupke se saath chal rahi hain

17. Ghamand

Meri aankhon ki chamak ko mera ghamand mat samajh
yeh aashq hain,
jo noor ban kar chamak rahe hain.
Chupke se,
apni khamoshi mein roshni bikherta
aur har chamak ke peeche,
ek nayi umeed chhupi hai

18. Mere jaisi

Woh mere jaisi hai
par mujh jaisi nahi
thodi jyada chidti hai
thodi jyada sochti hai

Khud ko dhoondh rahi hai
jaise maine khud ko dhoondha tha
kabhi

Thoda sa ruk
thoda khud par bharosa rakh
tum mere jaisi ho
toh kya hua
mujh jaisi dikhti nahi

Milegi manzil
Milega rasta
jaise mujhe mila tha
ek dum same nahi
par mere jaisa

19. Pyaare Papa

हर दिन, उनकी छोटी बड़ी बात में,
दिल को सुकून
एक शख्स, जिनके होने से,
घर को छत का एहसास
कभी-कभी लगता है, बड़े हुए ही क्यों
फिर उनके साये में,
दुनिया से लड़ने के लिए तैयार
कुछ न कहते हुए भी,
बहुत कुछ कहते हैं
मेरे पापा ही हैं, जो बिना बोले भी कहते हैं "मैं सबसे खास हूँ"

20. Kaha ho tum?

Uske jaane se pehle,
uski saanson ko maine apne dil mein basa liya tha
Woh
ek chhota sa masoom chehra
chhote se paav,
kahan ho tum?
kai baar sochti hoon
kya dekhte ho mujhe us baadal se jahan ab rehte ho?
kya mehsoos karte ho mere dil ki dhadkan
jaise main ab bhi paas hoon?
Ya
bas bahti hawa mein kho gaye ho,
mere hokar bhi mere nahin ho

21. Mera आज

Tum mujhe sabse pyaare ho,
Is nostalgia mein tumhara koi kaam nahi,
phir bhi,
har cheez ki tarah, yahan bhi
beech mein aa gaye ho.
woh pyaari si hasi,
woh aankhon mein chamak,
jab bhi aate ho, lagta hai
aaya hai ek toofan.

Tum mujhe sabse pyaare ho.

www.ingramcontent.com/pod-product-compliance
Lightning Source LLC
Chambersburg PA
CBHW051002030426
42339CB00007B/453